DE LA QUESTION

DU

REFUS DE L'IMPOT

CONSIDÉRÉ

DANS SES RAPPORTS AVEC LES ÉLECTIONS ACTUELLES.

LES CHAMBRES ONT-ELLES, D'APRÈS LA CHARTE, LE DROIT DE REFUSER L'IMPOT.

PAR M. LE COMTE

BONPAR DE MÉLIGNAN.

On était libre avec les lois, on veut être libre contre elles. MONTESQUIEU, *Esprit des Lois.*

Agen,

P. NOUBEL, IMPRIMEUR DU ROI.

M. D. CCC. XXX.

AVERTISSEMENT.

C'est folie dans le siècle éminemment grave où nous vivons, dans ce siècle véritablement rationnel, que d'espérer emporter une question qu'on n'aurait fait qu'effleurer, ou de croire la trancher en se fondant sur une autorité quelconque, même sur celle d'un grand talent, qui cependant est de toutes les autorités celle que l'on est le moins disposé à décliner, soit parce qu'elle est souvent ignorée de ceux même qui, sans s'en douter, en éprouvent l'irrésistible ascendant; soit parce qu'un pouvoir purement intellectuel est supporté plus facilement que tout autre, par la raison qu'il agit rarement sur les intérêts matériels, les seuls qui dans ce siècle essentiellement positif, soient généralement appréciés. Quoiqu'il en puisse être, il est toujours certain que chacun aujourd'hui veut voir et juger par lui-même (c'est un des caractères distinctifs de l'époque); et que dans ce mouvement général des esprits qui les entraîne vers la polémique, toutes les puissances morales se portent sur les questions soumises à la controverse.

La légéreté avec laquelle la question que nous allons développer a été traitée, ne nous surprend cependant pas de la part des journaux libéraux qui avaient leur raison pour en agir ainsi; mais que ceux dont l'opinion est conforme à la nôtre se soient gratuitement privés des avantages que leur aurait offert une discussion approfondie, c'est ce que nous ne pouvons comprendre.

C'est donc pour suppléer à leur défaut que nous avions résolu d'employer nos loisirs à l'examen de cette importante question : l'époque des élections étant arrivée, nous avons pensé que le moment de publier notre opinion ne pouvait être plus opportun, puisque c'est de l'objet de cette discussion dont seront préoccupés, quelle que soit leur manière de la juger, les électeurs, au moment où ils iront déposer dans l'urne leurs bulletins, et que de la différence qui existera entre leur manière d'envisager cette question résultera nécessairement la différence de leur vote.

Nous nous sommes décidés à publier séparément la première partie de cet écrit, la seconde n'étant pas terminée. On en reconnaîtra peut-être le premier chapitre que nous avons fait insérer, au mois de mars dernier, dans le journal de Lot-et-Garonne.

Nous reviendrons encore ici sur l'avis que nous donnons aux électeurs dans le post-scriptum qui termine cet écrit, où nous les engageons à se défier de ces hommes qui sans cesse se vantent de leur patriotisme, et affectent pour la personne du Roi un dévoûment sans bornes, tandis qu'ils cherchent à le dépouiller de sa prérogative et à flétrir les actes de son gouvernement, ainsi que les agens qu'il a chargé de les faire exécuter. N'en est-il pas d'ailleurs de la fidélité politique comme de toutes les autres fidélités ? N'est-ce pas lorsque l'on redouble d'égards envers la personne qui en est l'objet ? N'est-ce pas lorsque le respect semble le plus profond et l'attachement le plus tendre ? N'est-ce pas enfin lors que les étreintes sont les plus vives, que l'on est le plus près de l'infidélité.

DU REFUS
DE L'IMPOT.

CHAPITRE I.er

L'article 2 de la Charte, qui crée l'impôt, l'éta-blit-il à perpétuité ou seulement temporaire-ment ?

Une question, la plus étrange sans contredit de toutes celles qui puissent être soulevées ; une question cependant *vitale*, puisqu'il s'agit de la vie ou de la mort de la société politique française, a été posée : c'est celle relative au *vote de l'impôt*.

Cette question, que nous nous proposons d'examiner sous tous ses rapports et d'envisager sous toutes ses faces, nous pourrions la trancher d'un seul mot en adressant aux adversaires du vote affirmatif cette interpellation : « Pensez-vous

» qu'un corps politique puisse vivre sans impôts?-
» Pas plus, répondraient-ils sans doute, pas plus
» que le corps humain sans alimens. » Or, reconnaître qu'un corps politique, qu'un gouvernement ne peut subsister sans subside, et attribuer
en même temps à un pouvoir quelconque, le
droit d'accorder ou de refuser, selon sa volonté,
soit d'une manière absolue, soit dans certains cas
seulement, ces subsides reconnus indispensables
à son existence, n'est-ce pas la soumettre cette
existence à une périlleuse éventualité? N'est-ce
pas enfin donner à ce pouvoir, quel qu'il soit, sur
le gouvernement du pays, droit de vie et de mort?

Passant de la question générale à l'*espèce* qui
nous préoccupe, (et c'est le cas d'employer ici
ce terme de jurisprudence, puisqu'il s'agit d'un
procès, du grand procès soumis aujourd'hui à la
décision de la couronne, qui, bien qu'elle soit
partie dans la cause, n'en est pas moins par sa
position constitutionnelle investie, de fait, du
pouvoir de la juger), nous dirons à ceux qui se
sont faits contre la France les avocats d'une faction
turbulente qui cherche en vain à l'agiter, nous
leur dirons : Savez-vous ce que vous faites lorsque
vous conseillez à la Chambre élective de refuser le
budget; à la Chambre élective qui, en même
temps qu'elle appartient à la propriété qu'elle re-
présente, est aussi partie intégrante du gouverne-

ment paternel qui nous protége, qui a pour obligation spéciale de garantir de toute atteinte cette même propriété : Savez-vous ce que vous faites ? Vous la poussez au crime, à un double crime, car vous ne lui conseillez rien moins que le parricide et le suicide!!... Et, comme si le crime, qui n'est jamais que l'effet funeste de l'abus d'une faculté, pouvait résulter de l'exercice d'un droit, vous ne craignez pas, en disant chaque jour, en répétant sans cesse aux Députés de la France, qu'ils ont le pouvoir de fermer au gouvernement les sources de la vie, vous ne craignez pas d'ajouter que ce pouvoir est un droit, et que ce droit est écrit dans la Charte! Ce serait donc en vain que le Roi-législateur ce serait plu à rassembler, à combiner dans son admirable ouvrage les élémens constitutifs de notre société politique, puisqu'un germe dissolvant de cette société y aurait été introduit? Ce serait en vain qu'il aurait créé la Charte pour nous faire vivre, puisqu'elle recélerait un principe de mort.

Il ne tiendrait qu'à nous de terminer ici cette discussion par une fin de non-recevoir, dont nous trouverions les élémens dans ce qu'on vient de lire : alors se trouverait tranchée, serait négativement résolue la question de savoir si le refus de l'impôt est ou n'est pas facultatif; mais alors aussi nous manquerions à l'engagement que nous avons pris avec nous même, de procéder rationnellement à l'examen de cette importante question.

Nous allons donc, maintenant que nous avons prouvé que le droit de refuser l'impôt ne pouvait se trouver dans aucune Charte, parce qu'il tendrait à défaire l'ouvrage des législateurs, qui évidemment ne les ont produites, ces Chartes, que dans l'objet de créer ou du moins de consolider, si déjà elles étaient formées, ces grandes agglomérations d'hommes que l'on appelle *Nation* ; nous allons démontrer que ce droit funeste serait particulièrement antipathique avec la loi fondamentale qui nous régit, dont il contrarierait, dont il neutraliserait les dispositions les plus essentielles ; et lorsque nous aurons complété cette double preuve, nous en tirerons cette conséquence, qui peut-être paraîtra niaise à force d'être juste : que, puisque le droit de refuser les subsides ne peut être dans la Charte, il n'y est pas en effet.

Et d'abord, commençons par nous entendre sur une vérité bien essentielle ; c'est que la loi de l'impôt est d'une nature toute différente des autres lois, et qu'elle n'a pas la même origine. Nées de la pensée royale, fécondées par la méditation et par une attentive observation des besoins de l'époque, les unes, qui peuvent être étouffées dans leur germe, c'est-à-dire, ne pas être présentées, les unes temporaires, transitoires de leur nature, puisque chaque jour elles peuvent être abrogées,

sont utiles, sans doute, plus ou moins utiles, né-
cessaires même, mais d'une nécessité seulement
relative ; ce qui fait qu'elles doivent être et sont
en effet contradictoirement examinées par des
pouvoirs différens ; d'où il suit que leur mérite
intrinsèque ou leur opportunité devant être inévitablement plus ou moins contestés, leur admission est toujours incertaine. L'autre, au contraire, indispensable comme l'air l'est à la vie,
doit la sienne à une puissance qui domine toutes
les autres, à cette puissance dont les prescriptions
sont toujours absolues, à l'inflexible nécessité qui
pour toujours l'a imposée à toute société politique ; il en résulte que le Roi ne peut pas plus
s'empêcher de présenter la loi de l'impôt, dont
par conséquent l'initiative ne lui appartient pas,
ayant été prise depuis long-temps par ce pouvoir
plus fort que tous les pouvoirs humains dont
dont venons de parler, que les chambres ne peuvent s'empêcher de l'admettre ; l'action de celles-
ci sur le budget est donc bornée à la discussion
des différentes parties dont il se compose et à
l'exercice du droit qu'elles ont d'en arrêter définitivement avec le Roi la recette et la dépense ; avec
le Roi, dont la prérogative, relativement à cette
loi, ne consiste que dans le choix qu'il peut faire,
dans le cours de la session, du moment qu'il juge
le plus convenable à sa présentation.

Si l'on tirait de ce qui précède la fausse consé-

quence que notre opinion est restrictive du pouvoir des Chambres, il serait juste en même temps
de faire remarquer qu'elle tendrait aussi à renfer-
mer dans de plus étroites limites la prérogative
du Roi, à qui nous refusons sur la loi de l'impôt
le droit d'initiative : quoi qu'il en soit, on ne doit
pas s'en tenir à dire que le refus de l'impôt n'est
pas dans la nature des choses, et que l'obligation
opposée, celle de le consentir, résulte au contraire
de leur force toujours entraînante ; il faut encore reconnaître que cette obligation est dans la
Charte, obligation qui en exclut nécessairement
le droit de le refuser, avec lequel elle ne peut lo-
giquement co-exister. Cette vérité n'ayant pas
besoin d'être démontrée, nous allons passer immédiatement à la preuve de notre dernière proposition.

La Charte dit, *article* 23 : « La liste civile est
» fixée pour toute la durée du règne, par la pre-
» mière législature assemblée depuis l'avènement
» du Roi. *Article* 69. Les militaires en activité de
» service, les officiers et soldats en retraite, les
» veuves, les officiers et soldats pensionnés, con-
» serveront leur grade, honneurs et pensions.
» *Article* 70. La dette publique est garantie. Toute
» espèce d'engagemens pris par l'état avec ses
» créanciers est inviolable. »

Que résulte-t-il de ces trois articles ? Que la

Charte veut que la liste civile soit payée au Roi ; à l'armée, sa solde ; et au créancier de l'état, la rente qui lui est due. Mais qui est-ce qui peut, qui est-ce qui doit remplir cette volonté ? N'est-ce pas le gouvernement, dont les trois pouvoirs qui le composent sont appelés à concourir, dans leurs attributions respectives et chacun dans sa sphère, à sa pleine et entière exécution ? Existe-t-il plusieurs moyens pour y parvenir ? Non ; car il ne faut pas compter sur le domaine extraordinaire, ni sur le produit des salines et des forêts de l'état, qui évidemment seraient insuffisans pour acquitter ses charges. Quel est donc le moyen, le seul moyen avec lequel on puisse accomplir les volontés de la Charte, incontestablement obligatoires pour le gouvernement et pour les gouvernés ? Ce moyen unique, sans lequel d'ailleurs il n'est pas de gouvernement possible, c'est l'impôt.

Or, puisque les trois articles de la Charte précités doivent absolument, aussi bien que les autres, être exécutés, et qu'ils ne peuvent l'être que par le moyen de l'impôt, il est évident que cet impôt, dans aucun cas, par aucune raison et sous aucun prétexte, ne peut être refusé.

Mais cette loi de l'impôt, dont nous n'avons d'abord prouvé l'existence, la perpétuelle existence, que par sa nécessité générale, nous l'avons considérée ensuite dans ses rapports particuliers avec le pacte fondamental dont elle fait partie ; et nous avons démontré qu'il ne pouvait subsister sans elle, puisque sans elle ses dispositions les plus essentielles resteraient inexécutées. Eh bien ! cette loi de l'impôt dont l'origine spéciale, l'origine constitutionnelle est *l'article* 2 ainsi conçu : « les Français contribueront indistinctement » dans la proportion de leur fortune aux charges » de l'Etat; » cette loi de l'impôt, nous trouverons encore la preuve de sa perpétuité, et par conséquent qu'elle ne peut jamais être rejetée, dans ce même article 2. N'est-il pas vrai que, disposer que les Français contribueront en proportion de leur fortune aux charges de l'Etat, c'est, non-seulement établir la contribution, mais encore poser la règle d'après laquelle elle devra être répartie ? Il est donc accordé que l'article 2 porte création de l'impôt et qu'il décide qu'il aura pour base l'égalité proportionnelle. Maintenant, voyons si cet impôt n'a été que temporairement établi ou s'il l'a été une fois pour toutes, de manière à obliger les législatures qui se sont succédées depuis la promulgation de la Charte et celles qui suivront, à l'accepter. L'article 2, où se manifeste aussi sur ce point l'intention des législateurs, nous fournit les moyens de résoudre cette question : en effet, cet article 2, dont chaque mot est sacramentel, en même temps qu'il établit l'impôt , fait connaître le motif de sa création , par conséquent la destination des fonds qui en proviendront , qui devront être employés à acquitter les charges de l'Etat : l'acquittement de ces charges est donc le but , la fin , que s'est proposé le législateur. Alors l'impôt , qui évidemment n'a été créé que dans cet objet , est le moyen de parvenir à cette fin : d'où il résulte , que si le jour où l'Etat sera parvenu à se débarrasser de ses charges , l'impôt pourra, devra même être refusé , jusqu'alors, c'est-à-dire tant que ces charges continueront à peser sur lui , ce refus ne pourra raisonnablement , équitablement ni légalement , avoir lieu.

Mais , avant de décider définitivement si l'impôt est temporaire ou perpétuel , il reste à examiner s'il est possible que l'Etat puisse jamais se trouver dégagé du poids de ses charges. Mettons de côté d'abord une foule de dépenses non précisées dans la Charte et peut-être non prévues par son auteur , qui s'attachent cependant inévitablement à l'administration d'un gouvernement régulièrement organisé ; nous écarterons ensuite celles qui ne sont qu'indirectement prescrites par la loi fondamentale , pour ne nous occuper que des charges qui résultent immédiatement pour l'Etat des articles 23 , 69 et 70.

Article 23. Une monarchie, et c'est le gouvernement qui nous a été donné et que nous avons formellement ou tacitement accepté, peut-elle exister sans monarque? Non sans doute. Celui-ci, dans la région élevée où l'ont placé les droits qu'il tient de sa naissance, droits que nous sommes si intéressés à reconnaître et à soutenir; celui-ci, dans cette sphère qui domine toutes les positions politiques, peut-il se passer de la dotation créée bien moins pour subvenir à ses besoins absolus, que pour soutenir cet éclatant appareil, cette pompe majestueuse, *ce luxe nécessaire* enfin, qui doit toujours environner l'homme que la Providence, élevant au-dessus des autres, a placé sur un des premiers trônes du monde? Non sans doute. Eh bien! puisque le gouvernement monarchique qui nous a été donné avec la Charte et que nous avons accepté avec elle, ce gouvernement monarchique dont le don qui nous en a été fait ne peut pas plus maintenant nous être ravi, que nous ne pouvons, nous, le répudier; puisque ce gouvernement monarchique, disons-nous, ne peut subsister sans Monarque, et que celui-ci à son tour, ne peut vivre, comme Roi, du moins, qu'avec la liste civile, il est positif que cette liste civile sera toujours indispensable, et que par conséquent elle ne cessera jamais d'être une charge, la première charge de l'Etat.

Article 69. Une réunion d'hommes, formée

avec telle condition politique que l'on voudra, et occupant un espace plus ou moins étendu , peut-elle exister en corps de nation sans une armée qui , non-seulement est nécessaire pour maintenir l'intégrité du territoire et le garantir de toute invasion , mais encore, pour empêcher au-dedans les désordres et prévenir les perturbations? Non sans doute. Cette armée, de son côté , peut-elle subsister sans que les soldats et les officiers qui la composent touchent régulièrement , les uns la solde quotidienne qui suffit à peine à leurs premiers besoins , les autres le traitement mensuel qui souvent est leur unique ressource ? Non sans doute. Or , puisqu'une armée est indispensable à une nation qu'elle préserve du double fléau de la guerre civile et de la guerre étrangère , et que l'on ne doit pas espérer que les militaires dont se compose cette armée , puissent jamais se passer de leur solde , on est forcé d'en conclure que le paiement de cette solde est encore pour l'Etat une charge qui subsistera toujours, et à laquelle par conséquent il ne pourra jamais se soustraire.

Article 70. Le paiement de la rente, de la rente qui n'est autre chose que l'intérêt légal des sommes placées sur l'Etat, peut-il cesser d'être obligatoire? Non sans doute. L'extinction de la dette publique, qui ne peut avoir lieu que par l'entier paiement du capital ou par l'impossibilité bien constatée d'en servir les intérêts , pourraient seuls faire cesser cette obligation. Mais ces deux cas ou seulement l'un des deux, peuvent-ils échoir ? Non sans doute ; car si d'un côté il est prouvé que la dette publique, bien qu'elle soit extinguible de sa nature, et ce qui le démontre ce sont les rachats journaliers que la caisse d'amortissement en opère ; si d'un côté, il est prouvé que cette dette publique sur laquelle l'action de l'amortissement ne peut avoir d'effet que pour ralentir, pour arrêter tout au plus le mouvement ascendant imprimé à cette dette par de nouvelles dépenses produites par de nouveaux besoins ; si d'un côté, disons-nous, il est prouvé que la dette publique, par le fait, ne peut décroître et encore moins s'éteindre ; d'un autre, il l'est également que le cas où l'Etat se trouverait dans l'impossibilité de payer la rente, ne peut non plus arriver, vu l'extension qui tôt ou tard sera donnée au commerce, le développement progressif de toutes les branches de l'industrie, et les efforts de l'agriculture qui tendent sans cesse à raviver, à rendre plus fécondes les sources diverses, ces sources intarissables de la fortune publique, c'est-à-dire de l'impôt ; et même à augmenter la matière imposable, ou du moins à la rendre plus productive, puisque chaque jour sont rendues à la culture des terres qui depuis long-temps en étaient privées.

Or , puisque la dette publique ne peut s'éteindre , par la raison que le gouvernement n'aura jamais la possibilité d'en payer intégralement le capital , mais qu'il sera toujours en position d'en servir les intérêts , il est de la dernière évidence que le paiement de ces intérêts , que rien au monde ne peut empêcher d'être obligatoires , est une charge qui ne cessera jamais de peser de tout son poids sur l'Etat ; à moins cependant qu'une seconde banqueroute qui serait le signal de toutes les autres spoliations , ne vienne , un jour , préludant à de nouveaux désastres , rouvrir encore une fois l'*abîme des révolutions....*

Quelle est la conséquence qui jaillit , pour ainsi dire , des principes que nous avons posés , et de la preuve que nous venons de donner que jamais ne cessera pour l'Etat l'obligation de payer à ses créanciers la rente , à l'armée sa solde , et au Roi la liste civile ? Quelle est cette conséquence , cette inévitable conséquence ? C'est que l'impôt est perpétuel ; et il est perpétuel , par la raison bien simple que le législateur , dont la profonde sagesse et la haute intelligence ne peuvent être révoquées en doute , à l'instant où il établit dans la Charte les charges de l'Etat qui ne sont que l'expression de ces besoins naturels dont l'existence fut alors consacrée , fut obligé de créer en même temps un moyen pour y subvenir qui pût en tout correspondre à ces besoins et à leur être analogue. Ce moyen, qui par conséquent eût été temporaire et facultatif, si les besoins de l'Etat n'avaient été des besoins impérieux , des besoins de tous les momens , de tous les jours et de toutes les époques ; ce moyen fut l'impôt qui fut créé à toujours , parce que toujours en effet l'Etat aura besoin d'un Roi pour l'administrer , d'une armée pour le défendre , et de crédit pour parer à ces nécessités instantanées qui sont en dehors de toutes les prévisions , de ce crédit qui naît de la confiance , qui ne peut provenir elle-même que de la fidélité aux engagemens.

Nous ne terminerons pas cet article sans exprimer le vœu que le pouvoir royal , ce grand ressort de notre machine politique , sorte triomphant de la lutte qui va s'engager ; car, en écartant cette fiction nécessaire peut-être à la marche ordinaire des gouvernemens représentatifs , mais qui , dans la grave conjoncture où nous nous trouvons , ne servirait qu'à nous égarer ; cette fiction qui tend à établir que l'on peut tout se permettre envers le Roi sous le prétexte que rien ne peut l'atteindre , on ne peut s'empêcher de reconnaître que c'est à sa prérogative que l'on en veut et par conséquent à lui-même , au Roi , à cette unité politique autour de laquelle gravitent les deux autres pouvoirs et viennent se grouper tous les intérêts sociaux ; au Roi, à cet être nécessaire et l'on peut dire indispensable , puisque , première condition de notre existence *nationale* , sur lui reposent la prospérité , le bonheur , la vie de la France ; car, sans lui, plus de Charte pour cette belle France ; partant, plus d'institutions , plus de justice , plus d'ordre , plus de propriété , plus d'industrie , plus de commerce , plus rien enfin , ... si ce n'est l'anarchie ou le despotisme..... Et puis après la domination étrangère , c'est-à-dire le néant.....

CHAPITRE II.

֍

Les Articles de la Charte 18 , 47 , 48 et 49 ,
*dont on argüe pour soutenir que l'impôt peut
être refusé par les Chambres , sont-ils en op-
position avec les articles* 2 , 7 , 23 , 57 , 58 ,
59 , 60 , 61 , 69 *et* 70 *de cette même Charte*?

֍

Nous entendrions bien mal les intérêts de la
cause à laquelle une intime conviction nous a at-
tachés, et nous défendrions bien faiblement l'opinion consciencieuse qui en est résultée pour nous,
si parmi les moyens qui pourraient nous faire espérer de rendre communicative cette conviction,
nous négligions celui qui nous paraît être le plus
puissant, parce qu'il est le plus simple ; ce moyen
qui consiste à mettre en regard des articles de la
Charte qui ordonnent expressément ou implici-
tement l'impôt, ceux dont les adversaires du vote
affirmatif prétendent s'appuyer, suffirait seul, en
effet, pour décider en faveur de notre opinion la
question en ce moment controversée, puisque du
rapprochement dont nous venons de parler, et
que nous allons faire, va découler la preuve que

l'on ne peut avancer que les Chambres ont le droit de refuser l'impôt, sans mettre le législateur en contradiction avec lui-même; sans soutenir, en un mot, qu'il a voulu reprendre d'une main ce qu'il venait de donner de l'autre : chose trop absurde pour devoir jamais être supposée; il en résulterait que la discussion pourrait encore se terminer par une espèce *d'apagogie*; car nous aurions prouvé ici, ainsi que nous l'avons fait au commencement du précédent article, par l'absurdité même de la proposition opposée, que l'impôt a été à jamais alloué par la Charte; mais alors nous nous priverions des avantages que doivent nous présenter une argumentation plus suivie, une discussion plus rationelle; nous allons donc continuer de marcher dans la ligne que nous nous sommes tracée.

Article 18. « Toute loi doit être votée et discutée *librement* par la majorité de chacune des deux Chambres. » Pour bien comprendre ce que l'on doit entendre ici par le mot librement, sachons d'abord ce que c'est, chez un peuple policé et dans un état régulièrement constitué, que la liberté ; serait-ce cette liberté absolue qui n'a d'autre règle que la volonté de celui qui l'exerce et d'autres bornes que celles que la nature a mises à ses désirs et à ses facultés ? Cette brutale liberté qui peut convenir à l'homme isolé, et qui, par cela même, est incompatible avec toute agrégation polilique et sociale! Nous ne le pensons pas. La liberté telle qu'elle a été définie, et telle par conséquent qu'elle doit être comprise, consiste dans le droit qu'a chacun de faire tout ce que la loi ne défend pas.

Mais cette limite dans laquelle est circonscrite la liberté de tous, et au-delà de laquelle est la licence : cette limite, serait-il permis précisément à ceux qui sont appelés à concourir à la formation de la loi, leur serait-il permis de la franchir ? Serait-il possible enfin, que dans leurs graves et imposantes fonctions, les députés de la France n'eussent à obéir qu'à leur volonté? A quoi servirait alors le mandat qui leur aurait été donné, et qu'ils auraient accepté, d'aller accomplir la Charte ? A quoi servirait le serment qu'ils auraient fait, de lui être fidèle, s'ils pouvaient à leur gré, et quand bon leur semblerait, s'opposer à ses prescriptions les plus absolues ! Et c'est ce qu'ils feraient s'ils refusaient l'impôt, puisqu'ils rendraient par là impossible l'exécution, non-seulement des art. 23, 69, et 70, ainsi que nous l'avons prouvé; mais encore celle des art. 7, 57, 58, 59, 60 et 61 qui disposent que les ministres des cultes catholiques et protestans doivent être payés par le trésor, que des tribunaux seront établis pour rendre la justice, et des Juges de paix pour prévenir les différens, ou du moins les concilier.

De même donc que la liberté privée ne peut
s'exercer que dans le cercle que la loi a tracé,
de même les corps politiques n'ont le droit d'agir
que dans les limites de la Charte ; de la Charte,
que l'on devrait appeler la *loi des lois*, puisque
celles-ci ne peuvent exister qu'autant qu'elles sont
en harmonie avec cette loi suprême qui les domine toutes : d'où il est facile de conclure que la
liberté des Chambres dans la discussion et dans
le vote de la loi du budget, ne peut s'étendre
jusques au refus absolu de l'impôt.

Articles 47, 48 et 49. « La Chambre reçoit
» toutes les propositions d'impôt ; ce n'est qu'a-
» près que ces propositions ont été admises,
» qu'elles peuvent être portées à la Chambre des
» Pairs. Aucun impôt ne peut être établi ni
» perçu s'il n'a été consenti par les deux Cham-
» bres. L'impôt foncier n'est consenti que
» pour un an, etc. etc. » Aucun impôt ne
peut être établi ni perçu s'il n'a été consenti par
les deux Chambres. Mais sur quoi doit porter ce
consentement ? Est-ce sur l'impôt proprement
dit, sur l'impôt considéré dans l'acception générale du mot ? Cela est impossible, par la raison
que la Charte a voté une fois pour toutes celui-ci,
et que la Charte est supérieure à tous les autres
pouvoirs politiques. « Mais comment concilier,
» dira-t-on peut-être, cette disposition formelle

» de la Charte qui constitue, dites-vous, son
» esprit avec sa lettre, qui semble le contrarier;
» car, le droit de consentir une chose implique
» nécessairement celui de ne la pas consentir,
» c'est-à-dire de la refuser: comment enfin accor-
» der les articles 2, 7, 23, 57, 58, 59, 60,
» 61, 69 et 70 avec les articles 18, 47, 48, et
» 49, et faire qu'ils ne se détruisent pas les uns
» les autres ? » Rien ne nous paraît plus aisé; il
faut d'abord reconnaître que la volonté de la
Charte relativement à l'impôt, bien qu'elle soit
absolue, n'a rien de spécial, qu'elle ne porte au
contraire que sur une généralité, sur un impôt
quelconque dont, par conséquent, elle ne déter-
mine ni la nature ni la quotité, laissant ce soin
aux lois à intervenir; l'une et l'autre de ces deux
choses est donc tombée alors dans le domaine
des trois pouvoirs; d'où il suit que c'est sur ces
deux choses, mais sur elles seulement, que doit
s'exercer, pour ce qui concerne l'impôt, l'omni-
potence parlementaire.

Maintenant qu'il est entendu, qu'autre chose
est l'impôt voté par la Charte qui n'est, ainsi que
nous venons de le dire, qu'un impôt quelconque dont le législateur n'a pu fixer l'espèce, ni
arrêter le chiffre, parce qu'il ne lui était pas donné de prévoir pour l'avenir tous les besoins de
l'état, qui doivent, ainsi que ses ressources, varier

chaque année : et qu'autre chose sont les impôts spéciaux soumis au contrôle , et au vote annuel des Chambres , qui peuvent bien ne pas les admettre , mais qui sont obligés , alors , de substituer, par voie d'amendement, aux impôts rejetés, d'autres impôts qui doivent toujours être mis en rapport avec les charges énumérées dans la Charte , lequel impôt est soumis à son tour à la sanction de la couronne ; maintenant , disons-nous , il ne reste plus qu'à faire sentir la différence qui existe encore entre ce dernier impôt, présenté par les Ministres au nom du Roi , et que les Chambres rejettent toujours , et celui qui au contraire est l'objet de leur vote , et en définitive, de la sanction royale.

Nous disons que l'impôt présenté par les Ministres est toujours rejeté, parce qu'il est sans exemple qu'un projet de loi de finances soit jamais sorti intact du creuset des deux Chambres, et qu'à nos yeux, comme à ceux de tous les hommes réfléchis qui ne veulent pas être dupes des mots, le droit d'amender une loi , n'est autre chose que celui de la dénaturer.

Si l'on contestait la synonymie de ces deux mots, nous dirions à nos contradicteurs : pensez-vous qu'un budget exorbitant , un budget de deux milliards , par exemple , ou bien , au contraire , celui dont les *voies et moyens* se-

raient très-inférieurs à la dépense qu'il sdevraient
balancer, pensèz-vous que ces conceptions bizar-
res et monstrueuses d'un ministère audacieux ou
inepte, pussent ressembler le moins du monde au
budget qui surgirait d'une discussion lumineuse
des Chambres , ayant les dimensions et les pro-
portions convenables et dont toutes les parties se
coordonneraient ?. Ces choses ne se ressemble-
raient certainement pas plus qu'un embryon ne
ressemble à un être complet dans son organisa-
tion et régulier dans ses formes , pas plus que le
chef-d'œuvre enfanté par le génie de Praxitèle ne
ressemblait au bloc informe si heureusement
amendé dans ses mains.

Nous croyons en avoir dit assez pour avoir
prouvé qu'un projet de loi qui sortirait seulement
dégrossi, si l'on peut s'exprimer ainsi, des ateliers
ministériels , n'aurait nul rapport avec celui qui
lentement élaboré par les commissions, va subir
dans le sein des chambres , au milieu des débats
parlementaires, de nouvelles épreuves, et ne par-
vient au trône qu'à travers de chaleureuses discus-
sions qu'il semble ne devoir traverser que pour se
purifier encore , et arriver digne enfin d'être
marqué par une main auguste du sceau de la loi ;
car ce n'est qu'en recevant la sanction royale que
le caractère législatif lui est imprimé.

Or , puisque l'impôt général , expressément

voté par les articles 2, 23, 69 et 70 de la Charte, et virtuellement par les articles 7, 57, 58, 59, 60 et 61 de cette même Charte, n'est pas l'impôt spécial, qui chaque année est proposé aux Chambres et peut être rejeté par elles, conformément aux articles 18, 47, 48 et 49, et que celui-ci diffère aussi de l'impôt définitivement arrêté par les trois pouvoirs ; il en résulte que les chambres peuvent exercer leurs prérogatives sans nuire au respect et à la soumission que tous les Français doivent à la Charte constitutionnelle, en substituant par voie d'amendement, à l'impôt rejeté, un nouvel impôt pour l'admission duquel le Roi doit s'entendre avec elles, afin de concilier avec l'exécution la plus prompte et la plus ponctuelle des volontés de la Charte, dont l'exécution ne doit jamais être éludée, la dignité de sa couronne; d'où nous concluons que l'exécution des articles 18, 47, 48 et 49 de la Charte peut avoir lieu sans que la moindre atteinte soit portée aux dispositions des articles de ce pacte fondamental, 2, 7, 23, 57, 58, 59, 60, 61, 69 et 70 qui doivent toujours sortir leur plein et entier effet.

Nous espérons que les bons esprits (et c'est pour eux que nous écrivons), ces bons esprits dont les vues sont droites, sans doute, mais qui n'ont peut être pas toujours à un degré suffisant, cette force intellectuelle et ce courage moral à

l'aide desquels on pénètre à travers les surfaces
jusques au fond des choses pour y découvrir la
vérité, nous saurons gré d'un travail dont l'objet
a été de concilier avec le respect et l'obéissance
dus à la Charte, la prérogative parlementaire dont
nous avons indiqué les limites. Quant à ceux qui
combattent dans des rangs opposés aux nôtres,
nous leur dirons : renoncez à jamais à l'espoir
d'accréditer en France une opinion qui doit être
antipathique avec elle, puisqu'elle est irrespec-
tueuse envers l'immortel auteur de la Charte, que
l'on ne peut mettre en contradiction avec lui-même, qu'en l'accusant à la fois de duplicité et de
perfidie ; de perfidie !.. lui que jusqu'à ce jour on
avait cru devoir bénir !.. Que résulterait-il d'ailleurs de cette anomalie que l'on voudrait intro-
duire dans son admirable ouvrage et qui, nous
n'en doutons pas, serait suivie de beaucoup d'autres, qu'en résulterait-il ? Que bientôt le pacte
fondamental ne serait plus qu'un assemblage con-
fus de dispositions contradictoires, qui sans cesse
s'entre-choqueraient, ou bien une combinaison
cauteleuse et machiavélique au moyen de laquelle
un piège affreux aurait été tendu à la bonne foi
des capitalistes, dont la ruine aurait été froidement
calculée ! Car, chacun des pouvoirs ainsi pondé-
rés, pesant alors de tout son poids dans la ba-
lance (et sans cela l'équilibre serait rompu), la

banqueroute deviendrait imminente... Et qui l'aurait tendu ce piège ? Ici nous devons nous taire , puisque nous ne pourrions exprimer l'indignation que nous cause la manifestation d'une coupable pensée, d'une pensée sacrilège, qu'en proférant nous-même un blasphême !..

CHAPITRE III.

❧

Dans le cas où le Législateur aurait voulu se contredire dans la Charte, aurait-il pu, par les articles 18, 47, 48 et 49, reprendre ce qu'il avait donné par les articles 7, 23, 57, 58, 59, 60, 61, 69 et 70 ?

❧

Avant d'aborder la question délicate que nous allons traiter, commençons par voir ce qu'était la France, tant sous le rapport du droit que sous le rapport du fait, au moment où la Charte lui fut *octroyée.* Bien que nous soyons obligés de reprendre les choses d'un peu haut, nous ne rechercherons cependant pas si le pouvoir qui réside au sommet de toutes les sociétés politiques, ce pouvoir tutélaire, sans lequel elles ne pourraient exister, est une émanation du ciel, qui l'aurait fait descendre sur la terre pour nous faire jouir en paix des bienfaits du Créateur, ou bien si son origine est purement terrestre, c'est-à-dire s'il a été créé par les masses même sur lesquelles il devait réagir, par les masses qui, dans cette hypothèse, auraient été primitivement investies de ce *pouvoir constituant* sur lequel on disserte tant aujourd'hui. Qu'il nous suffise maintenant de savoir que les Bourbons, héritiers naturels des Valois, régnaient légitimement sur la France depuis plus de deux siècles lorsque furent convoqués les Etats-Généraux.

Il serait oiseux, lors même que la question n'aurait pas été résolue par les événemens, d'examiner ici si cette mesure fut ou ne fut pas opportune ; nous nous bornerons donc à dire qu'elle était régulière en elle-même et de plus dans les usages de la Monarchie. Vint ensuite l'Assemblée Nationale, légale aussi dans son principe, puisque elle se composait des députés des trois ordres existant alors dans l'Etat, dont le Monarque avait ordonné la réunion ; elle fut loin, malgré le titre orgueilleux qu'elle se donna, d'avoir rien constitué. A celle-ci succéda l'Assemblée dite Législative, laquelle continua l'œuvre de *destruction* commencée par sa devancière, mais qui conserva encore une apparence de régularité, ayant toujours, par des moyens quelconques, fait revêtir ses actes de la sanction royale. Enfin, apparut sur la scène du monde la Convention ; la Convention ! qui, lorsqu'elle se fut perpétuée, elle-même changea de nature, et ne fut plus qu'un monstre politique, dont on chercherait vainement l'analogue dans les annales de l'univers. En effet, ne procédant plus que d'elle, elle ne portait sur rien, ne s'appuyait sur rien et ne tenait à rien. Eh bien ! cette Convention, qui n'avait ni force intrinsèque ni extrinsèque, puisque, matériellement parlant,

elle aurait dû s'effacer devant les trente millions
d'hommes sur lesquels elle pesait, et que, sous
un autre rapport, elle avait perdu la puissance
morale que confère le droit ; cette Convention
s'arrogea cependant, et chose inouïe, parvint à
exercer celui qui, sans contredit, serait le plus
exorbitant de tous, s'il pouvait exister, le droit
de juger son Roi !!.... En ce moment la chaîne de
la légalité, qui déjà avait été rompue lorsque le
pouvoir insolite dont nous venons de parler,
déchirant son certificat d'origine, eut tranché le
nœud qui l'attachait à la France, la chaîne de la
légalité fut brisée sur les degrés de l'échafaud de
l'infortuné Louis XVI! Alors on vit le *fait* qu'appuyait la force, une force aveugle et brutale,
étendre sur la France, couverte d'un voile funè-
bre, son sceptre de fer, et la République, qui
venait de recevoir le *baptême de sang*, fut la conséquence immédiate de l'*événement principe* du 21
janvier, dont le despotisme impérial devait plus
tard être le corollaire.

Cependant le temps qui use le *fait*, qu'il finit
toujours par détruire, ainsi que la force matérielle
que l'on verrait d'ailleurs succomber sous ses
propres efforts ; le temps qui corrobore au contraire le *droit*, exerçait d'une manière opposée
sur ces deux puissances rivales, son action lente,
mais sûre, lorsque le vent de la fatalité, poussant
vers le pôle celui qui s'était fait le légataire uni-
versel de la révolution qu'il avait tuée, celui en

qui se trouvaient personnifiées toutes les illégiti-
mités, vint hâter son inévitable chute ! Bientôt
refoulé jusques au centre de son excessive puissance, on vit tomber le colosse avec l'édifice
gigantesque qu'il avait élevé ; cet édifice dont il
ne lui avait pas été donné d'assurer la base ! Et
Louis XVIII, qu'appelaient au trône de ses aïeux
les droits qu'il tenait de sa naissance et les vœux
de l'immense majorité des Français, parut tout à
coup sur les pavois de l'Europe armée, tenant
d'une main l'olivier de la paix et de l'autre la
Charte, fruit de ses laborieux loisirs, cette Charte
qui fit succéder en France, aux joies bruyantes et
passagères de l'Empire, qu'avaient précédées les
orgies du Directoire et les saturnales de 93, le
tranquille bonheur qui naît d'une liberté réglée
par des lois et tempérée par de sages institutions.

Rentré de plein droit dans la position politique
qu'occupaient ses ancêtres, revêtu de toute l'autorité dont ils étaient investis, autorité qui n'avait
alors d'autre borne légale que celle que les an-
ciennes constitutions du royaume y avaient mises,
Louis XVIII avait à la fois et le droit et la faculté
d'exercer dans toute sa plénitude cet immense pouvoir, pouvoir d'autant moins contestable qu'il réu-
nissait les trois conditions qui constituent la plus
complète des légitimités : le droit ancien, l'élection
et la force ; le droit ancien, parce que celui en
vertu duquel il régnait était consacré par plus de

3

dix siècles de possession ; l'élection, parce que le vœu des peuples en 1814 fut spontané et nullement conditionnel ; quant à la force , les vieux Français s'en souviennent encore, elle n'eût été pour le Monarque adoré, qui déjà régnait sur les cœurs, qu'un vain appareil , qu'un luxe inutile , si les derniers efforts de l'usurpation, que soutinrent quelques instans des guerriers qu'égaraient les prestiges d'un faux honneur et les séductions d'une gloire décevante, n'avaient rendu nécessaire son développement.

La Charte fut donc une concession volontaire de Louis XVIII qui possédait éminemment le pouvoir constituant , pouvoir au reste, dont se trouvent toujours pourvus, sur quelque degré de l'échelle politique ou sociale qu'ils soient placés, tous les hommes qui , dans leurs relations d'intérêt , de famille ou de société , peuvent , en tout état de cause , changer leur situation , pourvu que ce soit à leurs dépens , à l'avantage des autres , et que des tiers n'en soient pas préjudiciés ; en d'autres termes, si l'on ne peut , par sa seule volonté , s'élever au-dessus du point où l'on se trouve , sous quelque rapport que ce puisse être , rien n'empêche d'en descendre , et si l'on n'a pas le droit de prendre , on a toujours , tant que l'on possède , celui de donner ; d'où il résulte que la Charte , cet acte de la munificence royale qui, dans son principe semblait ne devoir obliger que la France à qui il imposait du moins la reconnaissance, reçut de quelques-unes de ses dispositions un caractère synallagmatique. Mais toujours est-il certain que ses dispositions ne peuvent se contredire. Nous croyons avoir demontré, dans les précédens articles, l'absurdité en même temps que l'inconvenance de l'opinion opposée.

Mais dans la supposition contraire, dans la supposition où le législateur aurait voulu reprendre par la Charte ce qu'il avait donné par la Charte, en aurait-il eu le droit ? Dans la supposition, en un mot, où les articles 18, 48 et 49 de cette Charte seraient exactement interprétés par les adversaires du vote affirmatif, pense-t-on que ces trois articles pussent, pour nous servir d'une expression bien connue, confisquer les articles 2, 7, 23, 57, 58, 59, 60, 69 et 70 de cette même Charte, au préjudice de la religion dont le culte serait anéanti ; de la justice qui n'aurait plus d'organe ; de la couronne qui serait privée de sa dotation ; du créancier de l'Etat qui serait dépouillé de son patrimoine ; enfin du soldat à qui l'on intercepterait le pain grossier que la patrie lui donne pour prix de son sang ! la patrie qui doit faire vivre celui qui la défend, au moins jusques au jour où il ira mourir pour elle !........ Non, il ne peut en être ainsi, car ce serait alors la société toute entière qui se trouverait confisquée par les articles 18, 48 et 49, puisqu'elle ne peut subsister, cette société, sans une religion qui l'éclaire , sans des lois qui la gouvernent , sans un pouvoir qui l'administre , et sans une force armée qui la protège contre ses ennemis et contre elle-même.....

Pour compléter la preuve négative que nous avons commencée de donner , voyons par les analogies quels sont parmi les actes civils qui règlent les divers intérêts de la société , ceux qui peuvent être assimilés à la Charte , à cet acte le plus authentique de tous ceux qui jamais aient été passés , qui bien qu'il soit d'une nature spéciale , doit cependant , sous le rapport des effets matériels qu'il produit , avoir des analogues. Les chercherons-nous ces analogues dans les dispositions testamentaires qu'un acte postérieur peut annuller ? Non , parce que l'auguste auteur de la Charte , dont les volontés étaient immuables , a voulu nous faire jouir, de son vivant, de l'objet de ses libéralités. Sera-ce dans les transactions qui , ordinairement, n'arrêtent que des intérêts litigieux, ne fixent que des droits contestés ? Pas davantage , parce que la Charte fut de la part de Louis XVIII un sacrifice volontaire, un don gratuit. Ce n'est donc qu'à une donation, à une donation entre vifs, que la Charte put être comparée au moment où elle fut octroyée. Cependant, lorsque l'on songe qu'elle obligea aussi le royal législateur ainsi que ses *hoirs* , on ne peut s'empêcher de reconnaître que, sous ce rapport, elle participe de la transaction où les intérêts de toute

partie doivent être stipulés. Quoi qu'il en soit,
il est positif que jamais les chambres ne pourront
se prévaloir contre la couronne, des articles 18,
48 et 49 ; en effet, ou la Charte n'est qu'une
convention qui fut passée entre le Roi et son peuple ; ou bien elle est une donation pure et
simple ; ou bien, enfin, elle participe de la nature
de ces deux choses. Dans le premier cas, il faudrait, conformément à l'article 1156 du code
civil : « Rechercher la commune intention des
» parties contractantes, plutôt que de s'arrêter
» au sens littéral des termes ; » et alors, l'intention du législateur, qui nécessairement a dû vou-
loir la conservation de son ouvrage, ne saurait être
équivoque, non plus que celle de la France, qui
n'avait d'ailleurs, en ce moment, ainsi que nous
l'avons fait observer, ni le droit ni la faculté de
s'opposer aux volontés de son Roi. Dans le se-
cond cas, comme celui qui gratifie ne peut, par un
acte subséquent, et encore moins dans le même
acte, dans quelque ordre que ces dispositions
contradictoires y fussent présentées, retirer directe-
ment ni indirectement ce qu'il aurait donné ; il n'est
pas douteux, dans la supposition où il y aurait
collision dans la Charte, que les dispositions qui
libéralisent, ne dussent l'emporter sur les autres.
Enfin, si la Charte était considérée comme un
acte mixte, ses dispositions n'en devraient pas
moins être interprêtée d'après la règle prescrite
par l'article du code que nous venons de citer, et

par conséquent , les articles 2, 7, 23, 57, 58, 59,
60, 69 et 70 de la Charte , sortiraient toujours
leur pleinet entier effet, lors même que les articles
18 , 48 et 49 sembleraient les contrarier. De quelque côté que la question soit envisagée , il en res
sort toujours cette vérité : que la Charte a donné
à jamais au créancier de l'état , à titre de rente ,
l'intérêt des sommes placées sur lui ; aux ministres
des cultes autorisés par la loi , un traitement ;
aux employés des diverses administrations , un
salaire ; aux membres des différentes Cours du
royaume, des appointemens; à l'armée une solde ;
et enfin aux militaires en retraite , et aux veuves
de ceux qui ont versé leur sang pour la patrie ,
des pensions.

Que pourrait donc répondre une chambre ré-
calcitrante , une chambre factieuse , car c'est ainsi
qu'il faudrait qualifier celle qui se mettrait en
état de rébellion avec la loi fondamentale , que
pourrait - elle répondre à ces donataires de la
Charte , qui , la Charte à la main , viendraient
revendiquer les droits qu'elle leur donne ? Est-il
une autorité que cette chambre pût invoquer
contre eux, qui soit plus respectable , plus puis-
sante que la *loi des lois* ? Oui : et cette autorité ,
c'est le réglement ! le réglement , en vertu duquel
on peut remettre , on remet chaque année en
question tout ce qui a dû être , tout ce qui a été
affirmativement et irrévocablement résolu par elle;
la vie politique du pays et l'existence réelle ,

l'existence physique d'une partie de sa population ; le réglement au moyen duquel on jouerait cent fois par siècle à un jeu puéril et cependant périlleux , les destinées de la France , de cette antique et glorieuse France qu'une boule pourrait renverser !......

Eh bien ! puisque maintenant la question est nettement posée , on saura bientôt si l'acte solennel qui eut à la fois pour rédacteur et pour donateur un grand Roi , pour donataire une grande nation et pour témoins l'Europe entière représentée par ses plus hautes notabilités, qui vinrent en pompe , en 1814 , assister au drame imposant de notre restauration , on saura bientôt si la Charte, enfin, doit s'effacer devant le réglement , ou si le réglement doit s'incliner devant la Charte.

FIN.

POST-SCRIPTUM.

Pendant que nous nous occupions dans le silence du cabinet de l'importante question dont nous avons entrepris l'examen, les événemens se pressaient autour de nous. La Chambre élective allant contre le but de son institution et manquant au devoir que lui imposait le mandat qu'elle avait reçu, venait de refuser au gouvernement son concours pour obéir sans doute aux injonctions de la presse périodique, de cette puissance nouvelle, de ce quatrième pouvoir qui ne prétend à rien moins qu'à dominer tous les autres. Volontairement descendue de cette haute sphère où se prépare la loi, la Chambre élective s'était elle-même condamnée à un véritable ostracisme; le Roi n'a donc pu s'empêcher de confirmer cette sentence et de dissoudre après l'avoir prorogée, cette Chambre qui voulait demeurer inactive; cette Chambre qui menaçait la couronne d'employer contre le pays la plus terrible de toutes les forces, la force d'inertie! Car en mettant de côté les phrases obséquieuses dont les rédacteurs de l'adresse ont cherché à envelopper la pensée qui la domine, on ne peut s'empêcher de reconnaître que c'est à ce résultat qu'elle va aboutir.

Électeurs de la France! dans cet état de choses qu'allez-vous faire ? Allez-vous renvoyer à la couronne des hommes qui lui ont refusé leur coopération cependant obligée ? Allez-vous pousser le Roi vers les limites de son immense pouvoir? Allez-vous le forcer de faire usage de tout celui que lui confère l'art. 14 de la Charte, qui d'ailleurs lui impose le devoir de pourvoir par ordonnance à la sûreté de l'État, lorsque, par l'effet de circonstances extraordinaires, les lois viennent à manquer ou qu'elles sont devenues insuffisantes.

Électeurs de la France! avant de déposer dans l'urne le bulletin qui va fixer nos destinées, observez attentivement ceux qui prétendent capter vos suffrages ou les diriger, ces hommes qui dans un temps où la multitude a ses flatteurs et ses courtisans, et la politique ses hypocrites et ses tartufes, doivent être l'objet de vos défiances. Examinez-les attentivement, ces Français par excellence, ces patriotes exclusifs, ces *puritains* d'une nouvelle espèce, qui se disent les amans passionnés de la patrie, et font néanmoins si bon marché de l'objet de leur culte qu'ils sont toujours prêts à le sacrifier à d'injustes ressentimens, à d'aveugles préjugés et à des répugnances que rien ne justifie. Et, qu'on ne dise pas qu'ils ignorent la nature et l'étendue de ce sacrifice, qu'on ne dise pas que l'abîme qu'ils ont eux-mêmes

creusé sous les pas de la patrie, est par eux ina-
perçu, qu'ils n'en ont pas sondé la profondeur;
qu'on ne dise pas qu'une seule des funestes con-
séquences du crime qu'ils conseillent est échappée
à leur prévision.̈ Mais connaissez leur opinion
toute entière sur la question qui nous préoccupe;
ils conviennent avec nous que sans impôt l'État
ne peut exister, et cependant dans une position
donnée, dans un cas prévu, dans une circonstance
qu'ils précisent, cet impôt, c'est-à-dire la vie du
pays, devra lui être refusé et par qui? Par le pays
lui-même... Et cette position, remarquez-le bien,
est précisément celle où nous nous trouvons; ce
cas, celui qui écheoit; cette circonstance, celle qui
nous entoure; car c'est dans la supposition, dans
l'unique supposition où le ministère ne sera pas
changé, que l'impôt devra être refusé; or, le Roi
n'a-t-il pas manifesté de la manière la plus positive
et par ses discours et par un acte récent, l'im-
muable résolution de soutenir le droit que l'art. 14
de la Charte lui donne sans exception, de nommer
ses ministres? Il en résultera qu'à jour fixe, qu'au
31 décembre prochain, les ressources vitales de la
France seront épuisées; au 31 décembre prochain
donc, commencera son agonie, cette lente et
douloureuse agonie que le Journal des Débats s'est
plu à décrire avec un barbare sang-froid, avec une
cruelle exactitude, au 31 décembre prochain, on

verra s'incliner vers la tombe des nations celle
qui, sauvage encore, mais déjà guerrière, s'é-
lança, il y a quatorze cents ans, du fond de la
Germanie sur la fertile Gaule, et vint, en présence
du Druide étonné, unir dans le même trophée,
croiser dans le même faisceau, avec la *francisque*
de nos pères, le sabre des enfans de Brennus! Se
pourrait-il que cette France robuste, dont les vi-
goureuses racines s'enfoncent dans la profondeur
des âges, et vont se perdre dans la nuit des premiers temps; que cette France dont le berceau
touche au tombeau de Rome, puisqu'elle naquit
lorsqu'expirait la maîtresse de l'univers; que cette
France, dont l'aurore éclaira les derniers momens
du peuple-Roi et apparut alors comme pour con-
soler le monde de l'éternelle éclipse de l'astre du
capitole! Se pourrait-il enfin, que cette France
qui triompha de tous ses ennemis et sut vaincre
les barbares de toutes les époques, n'eût traversé
les ténèbres du moyen âge que pour venir périr
au 19.me siècle à force de civilisation!... Que pour
venir, volontaire victime, couverte de gloire, res-
plendissante de lumière et couronnée de lauriers,
s'offrir elle-même en holocauste..... à elle-même!...
Ah! s'il était vrai que l'année 1831 fût marquée
pour le terme de son existence! S'il était vrai
qu'elle dût mourir en 1831 de cette mort igno-
minieuse dont on ose la menacer; n'eût-il pas

mieux valu cent fois que, subissant le sort de ces peuples de l'antiquité, dont le vainqueur d'Arbelle tranchait d'un seul coup les destinées, la nation française eût terminé la sienne au champ d'honneur, dans une des mille batailles qui l'illustrèrent ; alors du moins on aurait pu dire d'elle : « Elle tomba comme elle s'était élevée, avec gloire ! » et sortit de la scène du monde comme elle y » était entrée, toute armée ! »

Électeurs de la France ! serait-il donné au 19.ᵐᵉ siècle de produire un crime inconnu jusqu'à nos jours ; un crime tellement inouï, que la langue française se refuse encore à l'exprimer.

Électeurs de la France ! dans le péril imminent qui nous menace, qu'allez-vous faire ? Allez-vous envoyer à votre Roi des amis sincères du pays et de nos institutions, ou bien une chambre ennemie qu'il devra anéantir encore ? Allez-vous lui envoyer enfin des libérateurs ou des *patricides ! !...*